GALERIE

DE

SCÈNES ET D'IMPRESSIONS

DU

Royaume de Naples

CETTE GALERIE HISTORIQUE, MORALE ET ROMANTIQUE

peut servir de délassement aux

GENS DU MONDE

en même temps que

la JEUNESSE STUDIEUSE de l'un et de l'autre sexe y trouvera des choses qui, par leur caractère d'utilité morale et littéraire, forment le cœur, ornent l'esprit et nourrissent la mémoire.

Les notes géographiques, historiques et autres, placées à la fin de cette brochure, en font un véritable petit *Guide de touriste.*

Les pensées diverses disséminées çà-et-là dans cette livraison ayant été l'objet d'un léger travail littéraire de notre part, elles donnent donc, au 1.ᵉʳ numéro de cette *Galerie de Scènes*, un véritable cachet de propriété et d'originalité : aussi les contrefacteurs de cette livraison seront poursuivis devant les tribunaux, et il sera accordé une *Prime* à celui qui les fera connaître, ou qui indiquera un exemplaire non signé de notre nom.

SOUVENIRS

D'UNE PROMENADE

AU

MONT VÉSUVE

PAR

C. A. Classens de Jongste

NAPLES,

Chez Borel et Bompard.

1841.

A Monsieur M******N,

Rue Breteuil,　　　　　　à Marseille.

———

Monsieur,

Permettez qu'il vous soit fait l'hommage de cette livraison comme un témoignage de mes sentiments de sincère estime et de respect pour vos heureuses vertus privées.

E. A. El. de Jongste.

NAPLES, ce 15 mars 1841.

LE

MONT VÉSUVE.

O Vésuve ! . . . .
Tu redoubles la vie et la fertilité.
                              CHÊNEDOLLÉ

Au sein d'une nature qui étale touts les riches trésors de l'abondance , et sous des cieux toujours purs, le spectacle d'un volcan qui fume sans cesse , comme pour avertir que ses terribles feux destructeurs ne sont pas éteints dans les profondes entrailles de la terre , et surtout le souvenir lugubre de ses ravages passés ; la vue de cet assemblage de ruines si silencieuses de *Herculanum* et de *Pœstum*, de touts ces monuments de *Pompéï* échappés si étonnamment au vandalisme des barbares et aux ravages des siècles: tout cela donnerait une idée bien désolante des vicissitudes de ce monde et briserait, anéantirait sans doute le cœur de l'homme , si une philosophie saintement religieuse ne le nourrissait de ses consolations, et ne fécondait son esprit des plus sublimes inspirations à l'égard des mystérieux desseins de la Providence : tel est, dans notre opinion personnelle, l'ordre de réflexions de morale religieuse au quel on doit particulièrement se livrer en contemplant le

Vésuve, et en reportant la pensée sur ses éruptions passées, aussi nombreuses qu'elles sont terribles.

L'étymologie du nom de Vésuve, de ce volcan fameux situé seulement à 5 milles au levant de Naples, provient, dit-on, de la configuration physique de ce mont. C'est *Besbius* que les habitants de l'antique *Latium* altérèrent en celui de *Vesbius*, ensuite *Vesvius*, d'où l'on forma *Vesuvus*, *Vesuvius*. Les Italiens l'appellent aujourd'hui dans leur langue *Vesuvio*, et la dénomination plus brève de *Vesevo* lui a seulement été donnée par les muses de la poétique Italie.

Ce redoutable phénomène, qui jouit depuis long-temps de plus de célébrité que l'*Etna* en Sicile et que le mont *Hécla* de la froide Islande, n'en a cependant pas, comme *montagne*, des proportions aussi considérables, aussi cyclopéennes. Mais son centre d'action nourrit aujourd'hui bien plus d'activité volcanique ; aussi, il s'est fait remarquer par la fréquence de ses éruptions en même temps qu'il s'est rendu redoutable par la violence et la destruction qui les caractérisent presque toujours.

Cependant, si la hauteur absolue de ce mont de feu ne frappe pas très-fort les regards, il ne laisse pas, contemplé à une certaine distance, que de surprendre la vue et de l'accabler en quelque sorte lorsque vous le comparez à vos proportions individuelles ou à quelque objet situé dans le voisinage.

On satisfaira sans doute la curiosité en donnant ici un tableau des diverses mesures qui, à différentes époques, ont été géométriquement prises de la hauteur du Vésuve.

En l'an 1749, *Nolet* lui trouva 595 toises de hauteur ; mais l'opinion générale est que ce physicien s'est fourvoyé dans son opération mathématique.

En 1794, *Poli* obtint 606 toises pour résultat

En l'an 1816, le colonel *Visconti* lui trouva une élévation un peu plus considérable. Ses calculs lui donnèrent 622 toises. Le célèbre de *Humboldt* étant à Naples quelque temps après l'éruption de 1822 eut la curiosité de prendre la hauteur du Volcan : ce savant obtint 607 toises d'élévation.

Enfin, il résulte des observations faites en 1831, que la hauteur du Vésuve avait alors pris de l'accroissement, puisque l'on trouva 618 toises ; et c'est cette élévation qu'il a sans doute conservée jusqu'à présent.

Ainsi l'on voit d'après ces données mathématiques combien toutes ces mesures sont loin de la hauteur, par exemple, de l'Hécla qui a cinq mille pieds de hauteur, au dessus du niveau de la mer.

Les bases du Vésuve sont étendues; elles ont environ 24 milles ou douze lieues de contour. Ce mont est composé de deux parties distinctes éloignées l'une de l'autre de 500 toises. La première de ces divisions forme proprement le Vésuve : la seconde se compose des montagnes de *Somma* et d'*Ottajano*, qui ne vomissent point de feu et qui sont séparées du Vésuve par d'agréables et creuses vallées.

Le cratère est renfermé dans le sommet du Vésuve; il forme un vaste bassin qui a, jusqu'à un certain point, cette forme ovale qu'affectionne la nature et que l'on retrouve généralement dans les objets de la création physique.

Les tourmentes volcaniques de ce mont ont souvent été l'objet des travaux et des conjectures du monde savant. C'est ainsi qu'il y a des auteurs qui supposent qu'après l'éruption de la Solfatara de *Pouzzole* arrivée environ 1000 ans avant l'ère vulgaire, le Vésuve a vómi une quantité si considérable de matières que l'antique île de *Sorrente*, où les fictions mensongères de la fable et l'imagination des poètes placent le séjour enchanté de . Circé, en acquit cette conformation péninsulaire qu'on lui voit aujourd'hui; mais si ce sentiment ne découle que d'un système de choses plus ou moins hypothétiques, il est au moins certain que les feux du Vésuve furent pendant bien des siècles regardés, par la commune opinion, comme éteints.

Aussi, l'on cultivait dans les temps antiques jusqu'au sommet de cette montagne célèbre. La vigne y croissait à souhait ; elle était couverte de grappes de raisin, qui donnaient ce délicieux vin de Falère, chanté par les antiques muses romaines.

Cependant *Diodore de Sicile* et *Strabon* croyaient reconnaître dans ce mont les vestiges d'un volcan ; mais ces historiens ignoraient s'il eut jamais brûlé à l'extérieur.

Quant aux cavernes que renferme le Vésuve dans son sein, elles ont été praticables.

C'est là, dit l'histoire, que le gladiateur Spartacus trouva un refuge lorsqu'il fut poursuivi par les légions de *Claudius Pulcher*, l'un des lieutenants de Crassus, envoyé par le Sénat à la poursuite du valeureux esclave, qui en profitant d'une heureuse issue entre les entrailles cachées du Vésuve, assura sa fuite avec 84 autres gladiateurs sur le territoire de *Nocera*. Ainsi il recula les instants de cette mort malheureuse que ses mauvaises destinées lui réservaient quelques jours plus tard.

Aujourd'hui les mains laborieuses du cultivateur ne remuent plus le sol du Vésuve : aujourd'hui il est devenu un immense et terrible foyer de feu.

Des exhalaisons méphitiques, une vapeur fortement sulfureuse se dégagent sans cesse du volcan : elles empestent l'air au loin. De noirs tourbillons de fumée lancés et vomis souvent avec du bitume, et une lave brûlante par la gueule horriblement ouverte du gouffre, d'où l'on entend un râlement sourd et infernal, rendent toujours la respiration dangereuse. Tout autour la végétation est anéantie. On dirait qu'un méchant démon y a exhalé son souffe et craché sa salive impure. La terre, aride et partout couverte de *lapillo*, semble être frappée de malédiction et de mort : c'est le champ malheureux de Caïn ! Au milieu d'une mer de cendres et parmi des monceaux énormes de pierres fondues, il ne croit ni l'herbe de la prairie, ni les fleurs qui embellissent le riant empire de Flore. On n'y voit ni les grâces du printemps, ni les précieux présents de l'automne ; car la vigne qui donne ce célèbre vin de *Lacryma Christi*, si parfumé, si exquis se trouve seulement dans les terres voisines, chaudes et sulfureuses, où la lave n'a point semé la stérilité et la mort.

On sent dans ces lieux je ne sais qu'elle température ennemie de la nature et de l'humanité. Les oiseaux, pas même l'orfraie et le vautour ne se voient jamais sur la cime affreuse de l'abyme : ils ne pourraiént trouver dans ces endroits aucun arbre, aucun mystérieux bocage pour se retirer. Des lieux moins dé-favorables, des cieux plus doux, les appellent à quelque distance : c'est là qu'ils vont construire leur nids, et chanter leurs innocentes amours.

De cette bouche horriblement béante, prise par toute imagination un peu poétique pour l'entrée des enfers païens, s'échappe sans cesse des flots d'une fumée épais-se, méphitique, et souvent une lave infernale, qui ar-dente dans les ténèbres n'est que sombre sous l'éclat du soleil.

Qu'on ne croie pas que nous cherchions ici à satis-faire les libres exigences de l'imagination et de la poésie orientale en fatiguant et en rebutant la raison par une continuité d'écarts désordonnés.

Vous qui lentement avez gravi à pied le cône vol-canisé du Vésuve, vous qui êtes au bout du pénible et curieux pélérinage, évitez soigneusement les torrents de fumée vomis par le cratère souvent d'une manière aussi subite qu'inégale. Evitez-les : ils sont toujours dangereux, souvent funestes.

Pas loin de ces lieux maudits habite un ermite. In-terrogez-le: il vous dira mystérieusement comment mou-rurent, il y a quelques années, ces trois seigneurs an-glais qu'une imprudente curiosité amena sur les bords dangereux du gouffre.

Interrogez encore le solitaire : si dans sa petite cha-pelle il a fini ses prières, il vous contera peut-être tou bas, et après vous avoir regardé fixement, l'histoire et le nom de cet autre Anglais, qui en l'an 1809 se précipita, avec un rire éclatant et moqueur, dans l'ouverture mugissante de l'abyme de feu, et d'où soudain une voix étrange, inconnue s'écria : *Mystère* !!!

CHOSE digne de toute l'attention du monde savant ! Les révolutions du Vésuve ou de l'Etna en Sicile ont presque toujours eu de la coïncidence avec les agitations lointaines des volcans d'Islande. Ces faits ont surtout été remarqués en 1538, en 1554, en 1636, en 1717, en 1754, en 1755 et en 1766 : cette année fut celle de la dernière grande révolte de l'Hécla. Ces phénomènes eurent lieu à ces diverses époques, tant il est vrai qu'il est des harmonies inconnues, mystérieuces dont le systême existe aussi bien dans le ciel qu'au fond des entrailles de la terre ! Harmonies grandes, terribles, sublimes, qu'on doit regretter de n'avoir point été dépeintes par les magnifiques et religieux pinceaux de *B. de St. Pierre.*

Les ravages que le Vésuve a occasionnés sont aussi nombreux que terribles. On croit devoir donner ici un historique des guerres acharnées que ce mont a livrées à la nature et à l'humanité. Parmi les éruptions celles de 203 et de 472 sont mémorables ; celle-ci transporta ses cendres jusqu'à Constantinople, où l'on prétend que l'empereur Léon fut si effrayé qu'il abandonna la ville.

L'histoire a gardé un célèbre souvenir des éruptions

de 572, de 685, de 993 et de 1036. On sait que cette dernière est la première des temps modernes qui ait vomi de la lave.

Les années 1049, 1138, 1306, 1500 furent encore signalées par des éruptions violentes; mais la plus terrible après celle de 79 de l'ère vulgaire, arrivée sous la première année du règne de *Titus*, fut sans doute celle de 1631. Les auteurs du temps nous en donnent des descriptions dont le caractère est effrayant.

D'autres éruptions marquèrent encore les années 1660, 1682, 1694 et 1698; mais elles n'ont pas été aussi fortes que celles dont on vient de parler.

Dans l'éruption de 1730, qui toutefois ne fut pas l'une des plus grandes, la cime du Vésuve devint plus culminante.

L'éruption du 15 mai 1737 fut fameuse; on a calculé que la lave égalait un cube de 113 toises. On en voit encore une forte quantité dans la *Torre del Greco*.

Ensuite neuf autres anneés furent encore marquées par des éruptions plus ou moins violentes : ce sont celles de 1751, 1754, 1759, 1760, 1765, 1767, 1776, 1778 et 1779.

Les éruptions de 1794, de 1810, de 1813, de 1822 et de 1834 sont présentes au souvenir de beaucoup de personnes.

Mais de toutes les éruptions volcaniques la plus terrible après celle de 79 de l'ère chrétienne, qui détruisit *Pompéï*, *Herculanum* et tant d'autres villes, comme l'ouragan du Midi brûle et renverse le voyageur dans le désert, ce fut sans contredit celle de 15 juin 1794.

Qu'on n'attende pas de notre part d'impossibles efforts pour la décrire avec une encre froide, pâle, une phraséologie sans couleurs, d'après ce que nous avons un jour ouï dire à des personnes âgées, témoins de cet effroyable désastre, et qui vivent encore aujourd'hui.

Mais voici sur ce grand événement quelques faits généraux ; on les lira sans doute avec intérêt.

Vers dix heures du soir, on aperçut au haut du Vésuve un feu qui brilla tout-à-coup ; puis un second, un troisième, puis cent feux, puis mille feux ! Bientôt ils se confondirent en une immense colonne d'un sombre éclat qui s'élargit au point de remplir tout le périmètre du bassin. Cette colonne de feu décrivit une parabole, et elle vomit sans relâche un torrent de laves brûlantes ayant deux tiers de mille. Tel qu'un serpent gigantesque, elle prit sa course en bondissant vers la *Torre del Greco*, et après avoir causé d'effroyables ravages, elle alla se jeter à la mer lugubrement rougie par les reflets du volcan.

Cependant l'on voyait au dessus du cratère une innombrable quantité de foudres qui lançaient un affreux tourbillon de flammes : ces foudres se combinaient d'une manière aussi capricieuse que fantastique, tandis que d'horribles mugissements souterrains se faisaient entendre : ils précédaient toujours un épouvantable tremblement de terre.

L'horizon fut pendant deux jours couvert d'un voile épais ; et la mer, qui tout le temps de l'éruption était restée dans une effrayante immobilité, ne reprit que le lendemain son mouvement habituel.

Enfin, après cette épouvantable scène de deuil,

l'on vit à *Somma* un énorme typhon qui, en se crevant avec bruit, causa d'affreux désastres.

VOILA' seulement quelques lignes écrites à la hâte sur cet événement sinistre et à jamais mémorable. On s'en formera sans doute une idée plus exacte en lisant, ou pour mieux dire, en méditant la page suivante, où l'auteur de la *Poétique de la Musique* peint à grands traits, avec autant de vérité que d'élégance et de richesses littéraires le tableau de l'éruption d'un volcan et de ses ravages.

Écoutons *Lacépède*, écoutons-le :

» Tout-à-coup, au milieu du silence de la nuit, un bruit affreux retentit à leurs oreilles : ils entendent de loin la mer mugir, et rouler vers le rivage ses ondes amoncelées ; les souterrains profonds sont frappés à coups redoublés ; la terre tremble sous leurs pas; ils courent pleins d'effroi au milieu des ténèbres épaisses. Une montagne voisine, s'entr'ouvrant avec effort, lance au plus haut des airs une colonne ardente, qui répand au milieu de l'obscurité une lumière rougeâtre et lugubre ; des rochers énormes volent de tous côtés ; la foudre éclate et tombe ; une mer de feu, s'avançant avec rapidité, inonde les campagnes; à son approche, les forêts s'embrasent; la terre n'offre plus que l'image d'un vaste incendie, qu'entretiennent des amas énormes de matières enflammées, et qu'animent des vents impétueux. Où fuyez-vous, mortels infortunés ? De quelque cô'é que vous cherchiez un asile, comment éviterez-vous la mort qui vous menace ? De nouveaux gouffres s'ouvrent sous vos pas ; de nouveaux tourbillons de flamme, de pierres, de cendres et de fumée, volent vers vous du sommet des montagnes; et la mer écumeuse, rougie par l'éclat des foudres, surmonte son rivage, et s'avance pour vous engloutir.

Cependant ces phénomènes terribles s'apaisent peu à peu ; les feux s'amortissent ; la mer, à demi calmée, retire en murmurant ses ondes bouillonnantes; la terre se raffermit ; le bruit cesse, et le jour paraît. Quel triste et lugubre tableau présente la campagne ravagée ! Elle n'offre plus que des monceaux de cendres, que des rochers énormes entassés sans ordre, que des torrens de lave ardente, que des bois qui brûlent encore, que de tristes restes des infortunés qui ont péri au milieu de ces désastres. Un ciel couvert de nuages n'envoie sur tous ces objets funèbres qu'une clarté pâle et terne : un calme sinistre règne dans l'air; des bruits lointains annoncent de nouveaux malheurs, et la mer répond par de sourds gémissemens au bruit lugubre que font entendre les profondes cavernes de la terre. Consternés, saisis d'effroi, pressés dans le seul espace où les flammes ne sont pas parvenues, les mains élevées vers le ciel qui seul peut les secourir, les hommes adressent alors leurs ardentes prières à celui qui commande à la mer et à la foudre. Leur prière est courte, mais touchante ; ils la recommencent souvent, et chaque fois avec un ton plus pénétré ; ils cherchent en quelque sorte à faire parvenir leur voix jusqu'à l'Être dont ils implorent la clémence : tous les signes des passions qui les agitent, de l'effroi , de la vive inquiétude , de la désolation , se mêlent aux sons qu'ils profèrent et qu'ils soutiennent avec effort ».

Aujourd'hui les colères du redoutable phénomène sont muettes. . . . . .

Cependant le cratère laisse échapper des tourbillons de noire fumée. Souvent on y aperçoit des flammes dont la figure bizarre , brillante, vive éclaire surtout dans l'obscurité des ténèbres. N'est-ce point peut-être un mystérieux fanal établi par les mains de Dieu sur les bords fréquentés de ce beau golfe de Naples , où il brûle et laisse entre-voir au loin ses silencieuses clartés ? Ses feux variés , qui serpentent à plaisir ça-et-là vers le ciel sont connus du nautonnier ; ils l'avertissent des écueils cachés dans le sein des flots ; ils préviennent son naufrage , et lui indiquent fidèlement sa route au milieu des ombres épaisses et incertaines des nuits.

Cependant sur le sommet solitaire du Vésuve, là où la nature réunit, pour la peinture et la poésie, tant de terreurs sublimes , tant de choses funèbres , il est aussi un langage passionné , une haute éloquence cachée qui plaît au cœur de bien des hommes , et que la seule méditation peut comprendre.

Il y a dans l'organisation morale de certains êtres un instinct secret qui les met en rapport avec les grandes scènes d'une nature au caractère sombre, irritée , terrible. C'est ainsi que le tableau riche de lugubres beautés de cet enfer qui, par son cratère, fume sans cesse, et dont la crête lance encore quelquefois vers le ciel de fantastiques serpents de flamme, a toujours renfermé des harmonies pleines de mystères, des convenances plus ou moins intimes avec la mélancolie de nos idées, l'indignation de nos colères profondes, et la tristesse, l'amertume sans égales d'une vie qu'une foule de nombreuses et pénibles infirmités physiques rendent sans illusions et privent même du sentiment vague de l'espérance.

Mais vous qui n'avez point le cœur flétri, vous qui ne l'avez point brisé, vous dont l'esprit et l'âme ne sont point noyés dans toutes les souffrances de l'existence, apprenez, apprenez par l'activité incessante du foyer volcanique, que le mouvement est l'une des lois éternelles du monde matériel, de la nature physique, comme il est la loi première de l'esprit humain.

N'y a-t-il point encore d'autres enseignements à puiser dans le spectacle de cette grande montagne dévastatrice, symbole de la destruction, de la mort et du néant ? Eh oui ! Tout esprit sérieux et qui sait s'élever dans le domaine des saines méditations peut apprendre là combien toutes les choses de ce monde sublunaire sont fragiles, périssables ; et que l'enivrement, la déception grossière des sens peuvent seuls faire accroire à l'homme que sa destinée d'un jour doit s'agiter dans le cercle étroit de la vie présente, en s'attachant uniquement au fantôme de ses faux biens et à touts ces plaisir tumultueux ainsi qu'au torrent de ces jouissances vives, désordonnées, dont le charme trompeur, fugitif, éphémère est toujours suivi de l'aiguillon d'une douleur amère.

Elégantes et curieuses touristes, aimables et belles voyageuses qui le cœur joyeux portez, après une ascension difficile et fatigante, vos pas légers au bord du gouffre, écoutez! Vos grâces, votre éclatante beauté, votre jeunesse si fraîche, si vive, si insouciante vont passer sous les outrages du temps qui s'envole. Hélas! elles passeront dans un instant avec la rapidité de la fumée qui s'échappe, qui s'évanouit sous vos yeux, et qui a desséché, fait mourir à jamais les herbes, les plantes et toutes les riantes fleurs qui voulaient embellir les alentours désolés de l'abyme. Ainsi hâtez-vous d'aimer et de prier: rien n'est si doux que l'amour, rien n'est si salutaire que la prière, rien n'est si beau que la femme, la femme faible qui prie Dieu!

Et vous, esprits téméraires dont la logique est monstrueusement absurde, vous petits philosophes altiers, vous qui foulez aux pieds la cendre du cratère, animez-vous, en contemplant les choses de l'abyme, des sentiments consolateurs ; faites-y des études religieuses et un retour sur vous-mêmes : c'est toujours à l'aspect des grandes scènes de la nature que la Providence parle avec une mystérieuse éloquence aux cœurs desséchés.

Tel est l'ordre de quelques unes des réflexions morales que doit sans doute inspirer la contemplation du Vésuve.

Cependant, combien de grandeur et de poésie enchanteresse et sublime dans le tableau, qui de toutes parts se voit et se déroule des hauteurs de ce volcan !

Quel coup d'œil pittoresque enchante les yeux de touts côtés ! Quelle aimable, quelle riche variété dans cette fertile et belle terre de Naples, semblable à un *Eden* délicieux où la nature a répandu, à pleines mains, toute l'abondance de ses bienfaits !

Ici, des villes riantes et pleines d'aménités ; — là, des lieux célèbres qui rappellent agréablement les fictions ingénieuses de la fable, ou qui évoquent des souvenirs historiques remplis de charme ou d'un puissant intérêt ; — ça-et-là, des *villas* délicieusement situées et où dans la douceur des plaisirs champêtres, plus d'un illustre voyageur, plus d'une sentimentale dame étrangère, plus d'une demoiselle élégante au cœur aimant et à l'esprit rêveur vont toujours modérer, oublier souvent l'amertume des choses du tourbillon du grand monde de Londres, de Vienne ou de Berlin, de S.ᵗ Pétersbourg ou de la capitale de la France ; — là, des vertes prairies, de mystérieux et profonds vallons où bondissent innocemment de nombreux troupeaux dont la laine estimée fait l'objet d'un trafic étendu avec l'étranger ; — là, des champs fertiles où les moissons jaunissent sous le plus beau soleil ; — plus loin, des troupes de cultivateurs et de femmes accablés sous le fardeau de touts les fruits que se disputent, à l'envi, de joyeux enfants; —plus loin encore des pasteurs paisibles qui font mélancoliquement répéter les sons de la cornemuse à touts les mystérieux échos d'alentour ; — enfin, plus d'un tendre amant qui se promène avec sa fiancée : il rêve , il soupire tandis que sa maîtresse baisse les regards sur le bouquet de fleurs qui orne son sein.

Voyez ! A l'ouest de Naples les yeux ne peuvent se rassasier du tableau riant de cette montagne de PAUSILIPPE embellie de bois remplis de superbes orangers et ornée d'autres arbres toujours verds ! (1) (*)

Près de cet endroit est un froid et silencieux tombeau ; il est ombragé d'un chêne vert ; touts les pieux visiteurs en respectent, en vénèrent le feuillage ; car cet arbre végète tristement sur le TOMBEAU DE VIRGILE ! (2)

Pas loin de là est un lieu sacré où le cœur de l'homme peut , par un lien sublime , s'élever et se consoler près de Dieu : c'est L'ÉGLISE DES SERVITES. (3)

Derrière Pausilippe est l'îlot de NISITA. C'est là, dit l'histoire , que *Brutus* après avoir, dans le Sénat romain , fait tomber *Jules-César* sous ses poignards , s'embarqua précipitamment avec *Cassius* pour chercher un refuge sur les rivages de l'Afrique.

(*) On renvoie le lecteur aux notes qui se trouvent à la fin de l'ouvrage.

Là est Pouzzoles où la vue contemple les restes superbes d'un temple consacré à *Sérapis* ou aux Nymphes païennes. (4)

Là est le fameux lac Averne qu'a chanté le cygne de Mantoue. (5)

Sur la rive opposée , au pied d'une colline et au milieu d'arbrisseaux, dont les branches et le feuillage forment une nuit épaisse, est l'entrée de la Grotte de la Sybille par où le pieux *Enée* descendit aux Enfers. (6)

Vers l'ouest est Baïes où *Marius* et *Sylla*, *Pompée* et *César* et cet empereur *Néron* , qui rappelle de si cruels souvenirs , eurent de somptueux palais ; Baïes où *Octave* , *Antoine* et *Lépide* formèrent leur célèbre triumvirat , et où l'empereur *Adrien* rendit les derniers soupirs. (7)

Près de cette ville est le *Cap Mysène* où stationnaient ces redoutables flottes des Romains et qui maintenaient la sûreté des mers et du littoral; depuis le détroit de *Messine* jusqu'aux fameuses *Colonnes d'Hercule*.

Là est Cumes. Il y avait dans l'antiquité le tombeau de marbre de *Tarquin-le-Superbe*. A une lieue au nord on voit la tombe d'un illustre Romain , de *Scipion l'Africain*, sur laquelle la volonté dernière de ce grand homme fit graver pour épitaphe :

Non, non, ingrate patrie, tu n'auras pas mes cendres! (8)

Là est le village de BACCOLA (*Bauli*) près duquel est le port où *Agrippine* échappa, pour quelques instants, à la mort que lui avait jurée son fils dénaturé. (9)

Près du lac FUSARO (*l'Achéron des Anciens*) qu'on voit là, se trouve le petit pays appellé *Mercato del Sabbato* où les poètes de l'antiquité placent les CHAMPS ELYSÉES. (10)

Cette grande île qu'on aperçoit dans le lointain, c'est la volcanique ISCHIA, l'ancienne *Pythécuse*, désignée par *Homère* et le poète de Mantoue, sous le nom de *Inarima*. Cette île est surtout brûlée par les feux souterrains du volcan de *S.t Nicolas* (MONT EPOMEO). (11)

Entre *Ischia* et le célèbre *cap Mysène* est l'île de PROCIDA (*Prochyta*); elle évoque de grands souvenirs historiques. C'est là, disent quelques écrivains que le fameux *Jean de Procida* conçut la pensée des *Vépres Siciliennes*. (12)

Au sud dans le lointain est une île : c'est l'antique CAPRÉE (Capri). Le sol y palpite partout des souvenirs de la grandeur des anciens Romains. Avec les signes de la magnificence des habitudes publiques, on y rencontre, à chaque pas, des vestiges du faste des mœurs privées. De touts côtés se révèlent des élégants détails de la mystérieuse vie domestique ; et partout l'or y remarque des traces d'un goût délicat sur lequel la société actuelle s'empresse encore de former le sien.

Cependant l'île de *Caprée* est marquée du cachet de l'infamie. On ne sait que trop, d'après les anciens auteurs latins, *Suétone* et *Tacite*, dans quelles honteuses débauches *Tibère* s'y vautra pendant sept années, tandis qu'il envoyait à Rome, du fond de son palais, tant d'ordres sanguinaires. Et qui le croira? La cité éternelle livrée aux monstrueux caprices de ce César de boue érigeait des autels impies à Tibère, Rome adorait tout haut les crimes horribles de Tibère ; Rome, la ville du peuple-roi, trouvait dans les actes cruels de Tibère le modèle, le type d'un grand homme, et dans toutes ses honteuses dépravations les attributs sacrés de la Divinité !

N'est-ce point ici qu'avec une vertueuse et douloureuse indignation il faut s'écrier comme l'orateur romain : *O temps, ô mœurs* ! (13)

L'antique *Caprée* inspire un profond dégoût : détournons la vue.

Là, près des côtes de *Caprée* est cette mystérieuse *Grotte d'Azur*, si digne du pinceau de *Backhuysen* et de la plume magnifique de M. de *Châteaubriand*. Un lac aux eaux tranquilles et bleues y appelle aussi les chants mélodieux des Muses. (14)

Un peu en deçà, on distingue presque toute la péninsule de *Sorrente*, magique séjour de Circé, fille du Soleil. La fable antique murmure qu'une de ces trois Syrènes à la voix si enchanteresse a trouvé un tombeau près des murs de *Sorrente.*

Sorrente ! que ce nom résonne tristement! Il rappelle le souvenir du *Tasse*, qui y naquit le 11 mars 1544; du *Tasse* dont les destinées furent d'être aimé de la belle *Eléonore d'Este* : amours qui donnèrent naissance à cette noire envie qui fit condamner l'harmonieux chantre à la misère, à la persécution, aux horreurs de l'exil; maux qui s'accrurent de touts les orages d'une courte existence agitée, tourmentée, et par le torrent de ses vagues et immenses désirs, et par les passions haineuses des hommes au milieu desquels l'immortel poète eut le malheur de vivre.

Ah ! heureux, si le jour où il arriva le cœur brisé et noyé d'amertume aux côtés de sa sœur *Cornélie*, il eut formé le serment de ne la quitter jamais !

Là, au sein des lieux si doux de sa naissance, sous un ciel pur et serein, dans une des plus ravissantes positions de la belle Italie, en face d'une nature pleine de délicieuses et de suaves beautés, sur le rivage de la mer loin de ses ennemis, le chantre de la *Jérusalem délivrée* eut sans doute goûté ces instants de calme et de bonheur qui, comme autant de songes vains, de trompeuses images, fuirent sans cesse loin de lui!(15)

Près de *Sorrente* est *Castellamare* qui offre à la foule nombreuse des étrangers et aux seigneurs napolitains un refuge bienfaisant et plein de molles délices : c'est lorsque l'atmosphère de Naples est embrasée, pendant l'été, des feux ardents du soleil.

Enfin , ici est cette *Naples* , ici est cette *Naples* toujours au pied du Vésuve , toujours au pouvoir des terribles feux du Volcan !

Qui ne regarde point avec admiration la moderne *Parthénope* , semblable à un bosquet de rosiers qui, ayant été nourri par la rafraîchissante rosée de la nuit , sent dès l'aurore les rayons bienfaisants du soleil qui viennent le vivifier et l'embellir ? Il croît, il entr'ouvre ses charmants boutons , il étend son feuillage verd, il épanouit ses fleurs tendres et parfumées , et qui brillent des plus douces couleurs. A chaque moment qu'on le voit , l'œil y trouve des beautés nouvelles. Ainsi florit la capitale du royaume des *Deux-Siciles* , résidence d'un Monarque dont la noble sollicitude justifie, à tants d'égards, les belles et justes paroles du vieil *Homère* , par lesquelles ce poète définit un bon roi *le pasteur du peuple*. (16)

De toutes parts s'étend , à perte de vue, cette admirable nappe d'eau salée, ce *Golfe de Naples* dont l'humidité bienfaisante rafraîchit , pendant les jours de l'été , l'atmosphère embrâsée de Parthénope-la-neuve.

Heureux amants ! oui, c'est sur les bords de ce beau golfe que pendant les longues soirées de l'été votre bouche se confie les mystères d'un cœur en souffrance !

Le silence de la nuit, le calme profond de la mer tyrrhénienne , les rayons pâles et incertains de la lune se réfléchissant sur la surface des ondes , les douces brises qui soufflent paisiblement , le sombre azur des cieux dont la voûte brille d'innombrables étoiles , tout vous dispose, tendres et heureux amants, à la mélancolie, tout enivre vos sens , tout prête du charme à vos douces amours, tout semble vous dire de vous adorer à jamais ! (17)

Voici cette petite ville, ce bourg de *Portici*, auquel une *Muette*, fille pauvre et malheureuse, a donné une illustration dramatique, un vif éclat de plus !

Vers ce côté au midi, apparaît à la vue l'antique *Pœstum*.

Aussi célèbre par l'éclatante beauté et l'odeur de ses bosquets de rosiers que par le caractère admirable de l'architecture simple et noble à-la-fois de ses temples et de touts ses monuments, *Pœstum* est sorti éclatant de son sépulcre longtemps inconnu pour raconter surtout aux beaux-arts des choses dont l'histoire avait perdu la mémoire.

Pœstum est couronné par les montagnes lointaines de la Calabre et reliées entr'elles par une pointe tristement poétique C'est la *Pointe de Palinure*, au pied de laquelle les flots amers de la mer jettèrent, après son naufrage, le corps mort du malheureux compagnon d'*Enée*. (18)

Là près de *Resina* et des *Deux-Tours* on contemple dans le fond une cité éternellement silencieuse.

Tout dans l'enceinte de ses murs est méditations, tout y est merveilles. On y voit la personnification fantastique d'un siècle qui n'est plus, qui appartient à la grande ère de l'éternité, mais qui s'est dévoilée à nos arts, à nos sciences, à nos mœurs, à notre moderne civilisation, avec son diadème de grandeur antique et de richesses dignes de Rome.

Cette cité, quelle est-elle?

C'est *Pompeï*, qui fut ensevelie sous les matières de feu du Vésuve?

C'est *Pompeï* !

C'est *Pompeï*, la vestale chaste dont des mains profanes lèvent aujourd'hui avec mystère le voile sacré qui la couvre ! Et sa voix murmure tout bas les choses cachées de la civilisation des temps de l'ancienne Rome.

Ecoutez, jeune soldat, écoutez, car les nobles faits, les actions sublimes doivent se proclamer !

C'est aux portes de *Pompeï* que les sentinelles romaines, les sentinelles du devoir ne désertèrent point le poste d'honneur. Ainsi, en observant religieusement leur consigne, elles donnèrent un grand exemple de cette discipline militaire dont les devoirs sont si rigoureux. Ainsi elles moururent avec gloire sous les coups enflammés d'un nouvel ennemi, mille fois plus redoutable que touts ceux contre lesquels elles luttèrent jamais !

Hélas ! *Pompeï* s'évanouit et disparut sous les cendres en feu du Vésuve, comme les trompeuses illusions du monde se dissipent à jamais aux approches de la mort !

Oh ! si *Pompeï* ensevelie n'est qu'une faible image des vanités de cette vie de déception et de larmes ; si l'imagination se représente dans les tumultueuses agitations du Vésuve quelque chose des transports terribles et de la colère solennelle de l'Ange exterminateur ; oh ! l'aspect de *Pompeï* doit inspirer de bien graves,

de bien hautes pensées , et élever , en abaissant leur
fol orgueil, nos esprits et nos cœurs vers le Ciel ! (19)

Près de *Pompéï* l'on voit *Herculanum*

O malheureuse cité , comme tu ressembles à une
nymphe antique dont touts les sens glacés sont plon-
gés dans le silence effrayant des tombeaux !

Oui ! tes vêtements de deuil sont étrangement mar-
qués ! Et le même doigt invisible qui , dans l'immense
salle des festins et des orgies de Balthazar , écrivit de
lugubres et fatales lettres de feu , a tracé sur ta robe
les deux mots :

Mort et Mystère ! . . . . (20)

Cependant l'on admire ici , là , partout, le tableau
des campagnes napolitaines C'est dans ces heureuses
contrées que la nature , semblable à la magique *Ar-
mide* , fait naître , pour ainsi dire , de rien le séjour
plein d'enchantement où elle entraîne ses nombreux
adorateurs. Cette belle campagne réalise , en quelque
sorte, les fabuleuses délices de l'âge d'or des poètes.
C'est là que bien des illustres seigneurs, bien des illustres et élégantes voyageuses ont été engagés, comme
ils le sont encore touts les jours , à dépouiller le men-
songe des émotions factices éprouvées dans le bruit de
la société. Il y a dans l'aspect de touts ces beaux lieux
quelque chose de calme , de doux , de philosophique ,
qui prépare l'âme à sortir du torrent des rapides et
folles agitations de cette vie d'illusions trompeuses

que terminent tant d'hommes par l'amertume du cha-
grin, et souvent par les idées sombres du désespoir.

On ne doit point attendre de nous l'impossibile effort de dépeindre les douces sensations que fait naître,
la contemplation de la belle nature de Naples. Eh !
comment communiquer avec des phrases pâles, dé-
colorées, avec des mots secs, dans l a pensée et l'âme
des autres, le langage d'émotions vives, variées qui sur-
prennent, qui étonnent, et que, par son organisation
humaine, on ne croyait point d'éprouver jamais !

Dans cette admirable campagne napolitaine, laby-
rinthe de beautés, où la vue s'égare et ue quitte un
enchantement que pour retomber dans un autre enchantement, nous avons plus d'une fois agréablement
souri à ces vignes qu'on remarque sur la colline de
Pausilippe et en mille autres lieux : l'heureuse abondance y rappelle les souvenirs si doux de la patrie fran-
çaise! Elles s'enlacent avec plaisir, et courent capricieu-
sement en élégants festons parmi les figuiers dont l'a-
spect reporte encore les pensées du cœur vers la *Provence* et *Marseille.*

C'est toujours la France !

Le capricieux pampre verd s'élance aussi au tronc
de touts les autres arbres ; il monte comme une tige
vagabonde de lierre ; il s'élargit en élégant chapiteau ;
et puis chargé sous le poids d'un raisin aussi doux
qu'éclatant, il va retomber quelques instants, ensuite
court parmi des groupes d'arbrisseaux couverts de
toute sorte de fleurs ; et il finit par les entourer de
vertes guirlandes, festonnées comme de légères bro-
deries.

Mais parmi les beaux végétaux qui embellissent la contrée , rien n'est sans doute plus magnifique que touts les orangers , et qu'une élégante et gracieuse périphrase du cygne de Cambrai appelle ces arbres touffus qui portent des pommes d'or, et dont la fleur, qui se renouvelle dans toutes les saisons , répand le plus doux de touts les parfums.

Le pommier de *Nocera* avec ses roses carminées qui transporte la pensée dans les pittoresques vergers de la *Normandie* ; — le châtaignier , le pin qu'on voit surtout sur les hauteurs de *Capodimonte* , le prunier et le poirier qui se plait à *Massa* ; — le laurier des poètes ; — le cérisier si connu au village du *Vomero* ; — les pêchers couverts d'un fruit plus succulent que celui des jardins de *Montrueil* près de Paris ; — le thym et le serpolet odorants dont le lapin fait ses innocentes délices ; — la violette qui , sous un épais feuillage , cache modestement ses fleurs douces et odoriférantes ; — le melon rouge cultivé avec tant de succès à *Castellamare* , le melon blanc qui aime à croître à *Capoue* ; — les myrtes si chers à Vénus et aux amours ; — le citronnier avec le limonnier qui croissent avec plaisir dans le proche voisinage du mélancolique olivier cultivé à souhait à *Castellamare* et sur la colline de *Sorrente* ; — les rosiers de toute espèce et beaux comme les célèbres rosiers de *Pæstum* ou comme ceux qui embellissent les champs de *Grasse* en *Provence* ; — les tendres amandiers, aussi fleuris que les amandiers épanouis sous le soleil du *Languedoc* ; — enfin touts les autres arbres , les plantes et les fleurs de toute nuance des meilleurs pays de l'Europe : telle est la belle, la riche végétation qui couvre avec orgueil et embellit partout ce sol de Naples éclairé des cieux les plus doux.

Oui ! tout cela réuni, forme un tableau parfait ; où l'âme émue, agitée, passionnée finit par se transporter avec ravissement, et dont l'éloquente beauté parle à la tête et au cœur de touts les hommes ! *Eden* délicieux, imposant, solennel, aussi plein de grâce que de majesté et d'enchantement, et qui étonne, surprend tout-à-coup la pensée, l'élève, l'agrandit, et ravit touts les sens, comme les attraits d'une belle femme fascinent les regards du jeune homme qui l'admire en silence !

Il serait impossible de jamais dire la tristesse qu'éprouva notre âme, et tout ce qu'il lui fallut d'efforts sur elle-même pour nous arracher à touts ces lieux enchanteurs, lorsque notre vue les eut contemplés pour la première fois, en arrivant, il y a quelques mois, du Midi de la France.

Que nos regrets furent grands, qu'ils furent cruels quand il fallut quitter ces beaux jardins, où règne une fraîcheur si bienfaisante alorsqu'à Naples le ciel est en feu ; — ce feuillage épais que les rayons du soleil pénètrent à peine ; — ces bosquets mystérieux où touts les oiseaux font entendre leur doux chant : — ces labyrinthes merveilleusement boisés et touffus, refuge de mille essaims d'abeilles, et où fourmillent le nids d'oiseaux qui arrêtent les enfants à chaque pas ; — ces humides cascades dont l'eau jaillit et retombe e bouillons écumeux sur la nappe verte et brillante des prairies.

Les sentiments d'amertume qui, en abandonnant lentement ces beaux lieux, nous saisirent ne découlèrent-ils point peut-être des réminiscences qui vinrent soudain assaillir notre esprit et notre cœur des choses si vives, si chères de la patrie?

Les fibres les plus délicates, les plus secrètes de notre organisation n'étaient-elles point agitées, émues, fortement impressionnées par l'amour de la terre natale, par cet amour, le plus beau, le plus noble, le plus moral de touts les amours, et l'instinct que la sagesse de la Providence a le plus spécialement affecté à la nature humaine?

A la vue de cette immense campagne de Naples, semée de tant de merveilles, nous n'avons pu nous empêcher de nous écrier:

O collines et montagnes couvertes d'un pampre verd qui pend en charmants festons! O cités riches de tant de souvenirs de l'histoire et de la fable antique! O vertes, riantes et heureuses prairies! O cascades au doux murmure, et vous, champs féconds au sein desquels notre cœur désirerait être né si notre pays n'existait pas! O *villas* agréablement situées, jardins délicieux, campagnes bénies de la Providence! O creux vallons où bondissent les troupeaux et d'où l'on entend les sons agrestes de la cornemuse! O mer Méditerranée dont les ondes légèrement irritées ont porté le rapide bateau-à-vapeur sur le pont duquel étant couché les nuits d'été notre esprit rêveur a mollement rêvé en nous éloignant des rivages de Marseille! Oui, vous nous reverrez encore ! Oui, oui, nos regards viendront souvent vous contempler !

Et si à présent il faut partir pour la moderne Parthénope :

Adieu, riantes, belles ou mélancoliques cités aux si puissantes inspirations ! Adieu, superbes tapis verds qui brillez au loin de l'émail de mille belles fleurs ! Adieu, mystérieux vallons où les pasteurs et les enfants sont couchés près des troupeaux ! Adieu, champs paisibles et vous, collines charmantes ! Adieu, montagnes qui vous élevez vers les nues et dont l'aspect fantastique fait le charme des yeux ! Adieu, purs et limpides ruisseaux qui vous jouez dans la campagne ! Adieu, rivières qui roulez des eaux claires et paisibles où se baignent les bergers et les innocents enfants ! Adieu, immenses jardins, ornés de toutes les plantes, de toutes les fleurs et couverts de touts les arbres ! Adieu, golfe de Naples dont les ondes brillent de toutes parts, sous les rayons ardents du soleil d'Italie, de myriades d'éclatants diamants et de larges et scintillantes paillettes ! Adieu, adieu, ô tableaux enchanteurs ! Adieu ! Nous partons à l'instant, mais nous revenons demain.

Le Vésuve en attachant un intérêt plein de curiosité et de terreur à cette Naples, où l'air imprégné de voluptés a déjà une si puissante vertu attractive, y appelle surtout une foule d'étrangers de toute condition.

Le beau monde y vient pour ainsi dire de touts les points de l'Europe et de la terre civilisée ; et la science et les arts, les lettres et la poésie trouvent dans l'enceinte de Naples, comme sur le sommet de sa célèbre montagne de feu, de vastes, de hauts sujets d'études et de sublimes inspirations, Les muses françaises particulièrement ont trouvé sous le beau ciel de cette cité et surtout à la vue inspiratrice du mont terrible qui la menace sans cesse de mort le secret de brillantes, d'énergiques et d'harmonieuses couleurs.

Citera-t-on ici touts les prosateurs et les poètes de la France jouissant d'une réputation littéraire pleine d'éclat qui ont chanté la moderne Parthénope et le Vésuve ? On ne croit-pas devoir entreprendre cette tâche. Mais outre l'auteur de la *Poétique de la Musique*, qui a déjà fourni à ce faible tableau une page étincelante de beautés aussi terribles que sublimes, on fera encore connaître ici le nom de la plume célèbre qui a écrit *Corinne*, brillante épopée créée pour la gloire de l'Italie, cette terre classique des beaux-arts et de la poésie.

Voici la magnifique composition de Madame *de Staël*:

« Au pied du Vésuve, la campagne est la plus fertile et la mieux cultivée que l'on puisse trouver dans le royaume de Naples, c'est-à-dire dans la contrée de l'Europe la plus favorisée du ciel. La vigne célèbre, dont le vin est appelé *Lacryma Christi* se trouve dans cet endroit, et tout à côté des terres dévastées par la lave. On dirait que la nature a fait un dernier effort en ce lieu voisin du volcan, et s'est parée de ses plus

beaux dons avant de périr. A mesure que l'on s'élève, on découvre, en se retournant, Naples et l'admirable pays qui l'environne; les rayons du soleil font
scintiller la mer comme des pierres précieuses ; mais
toute la splendeur de la création s'éteint par degrés
jusqu'à la terre de cendre et de fumée, qui annonce
d'avance l'approche du volcan. Les laves ferrugineuses
des années précédentes tracent sur le sol leur large et
noir sillon, et tout est aride autour d'elles. A une
certaine hauteur, les oiseaux ne volent plus; à telle
autre, les plantes deviennent très-rares ; puis les insectes mêmes ne trouvent plus rien pour subsister dans
cette nature consumée. Enfin, tout ce qui a vie, dispa-
raît ; vous entrez dans l'empire de la mort, et la cendre de cette terre pulvérisée roule seule sous vos pieds
mal affermis :

Nè greggi nè armenti
Guida bifolco mai, guida pastore.

Jamais le berger ni le pasteur ne conduisent en ce
lieu ni leurs brebis ni leurs troupeaux.

Un ermite habite là sur les confins de la vie et de
la mort. Un arbre, le dernier adieu de la végétation,
est devant sa porte ; et c'est à l'ombrage de son pâle
feuillage que les voyageurs ont coutume d'attendre que
la nuit vienne pour continuer leur route. Car, pendant le jour, les feux du Vésuve ne s'aperçoivent que
comme un nuage de fumée, et la lave, si ardente de
nuit, n'est que sombre à la clarté du soleil. Cette mé-
tamorphose elle-même est un beau spectacle, qui renou-

velle chaque soir l'étonnement que la continuité du même aspect pourrait affaiblir ».

Après ce morceau de prose, où règnent cette élégance, cette richesse de langage qui caractérisent toutes les productions de l'illustre fille de Necker, on lira sans doute avec un égal intérêt ces autres lignes du même écrivain, pleines de magnificence et d'énergiques pensées. Ces lignes complettent la page qu'on vient de méditer, et elles en sont le digne pendant.

« Le feu du torrent est d'une couleur funèbre ; néanmoins, quand il brûle les vignes ou les arbres, on en voit sortir une flamme claire et brillante ; mais la lave même est sombre, telle qu'on se représente un fleuve de l'Enfer ; elle roule lentement comme un sable noir de jour, et rouge de nuit. On entend, quand elle approche, un petit bruit d'étincelles, qui fait d'autant plus de peur qu'il est léger, et que la ruse semble se joindre à la force : le tigre royal arrive lentement, secrètement, à pas comptés. Cette lave avance, avance, sans jamais se hâter, et sans perdre un instant ; si elle rencontre un mur élevé, un édifice quelconque qui s'oppose à son passage, elle s'arrête, elle amoncelle devant l'obstacle ses torrents noirs et bitumineux, et l'ensevelit enfin sous ses vagues brûlantes. Sa marche n'est point assez rapide pour que les hommes ne puissent pas fuir devant elle ; mais elle atteint, comme le Temps, les imprudents et les vieillards qui, la voyant venir lourdement et silencieusement, s'imaginent qu'il est aisé de lui échapper. Son éclat est si ardent , que , pour la première fois, la terre se réfléchit dans le ciel , et lui donne l'apparence d'un éclair continuel; ce ciel , à son tour, se reflète dans la mer, et la nature est embrasée par cette triple image de feu.

Le vent se fait entendre et se fait voir par des tourbillons de flamme dans les gouffres d'où sort la lave. On a peur de ce qui se passe au sein de la terre , et l'on sent que d'étranges fureurs la font trembler sous nos pas. Les rochers qui entourent la source de la lave sont couverts de soufre, de bitume , dont les couleurs ont quelque chose d'infernal. Un vert livide , un jaune brun , un rouge sombre forment comme une dissonnance pour les yeux et tourmentent la vue.

Tout ce qui entoure le volcan rappelle l'Enfer , et les descriptions des poètes sont sans doute empruntées de ces lieux. C'est là que l'on conçoit comment les hommes ont cru à l'existence d'un génie malfaisant qui contrariait les desseins de la Providence. On a dû se demander , en contemplant un tel séjour , si la bonté seule présidait aux phénomènes de la création, ou bien si quelque principe caché forçait la nature , comme l'homme , à la férocité ».

Ecoutez maintenant ces beaux vers sortis de la plume de *Castel*, de ce littérateur aimable , de ce poète élégant , qui fut long-temps cher à notre France, le favori des Muses , et dont le nom sera toujours un éloge pour les Belles-Lettres :

» Le Vésuve en courroux, sous ses monts caverneux;
Recommence à mugir avec un bruit affreux,

Et déchaîne, en poussant une épaisse fumée,
Sur son gouffre tonnant la tempête enflammée. ·
Elle échappe soudain, et des sommets ouverts
En colonne de feu s'élance dans les airs.
Des foudres souterrains et des roches fondues
La suivent jusqu'au ciel, et retombent des nues.
Le bitume et le soufre, épandus en torrens,
Roulent sur la montagne, en sillonnent les flancs,
Et, dans les creux vallons se traçant un passage,
Des fleuves infernaux offrent l'horrible image.
    L'incendie a gagné les antiques forêts.
Les animaux, fuyant dans les sentiers secrets,
Vingt fois, pour s'échapper, retournent sur leur trace;
Partout la mort en feu les repousse et les chasse.
On voit, loin du volcan et de leurs toits brûlans,
Errer de toutes parts les pâles habitans ;
Et l'époux qui soutient sa moitié défaillante,
Et du vieillard courbé la marche chancelante,
Et la mère qui croit dérober au trépas
Son fils, unique espoir, qu'elle tient dans ses bras.
Inutiles efforts ! les vagues irritées
Franchissent en grondant leurs rives dévastées ;
L'Apennin a tremblé jusqu'en ses fondemens ;
La terre ouvre en tous lieux ses abîmes fumans,
Des plus fermes cités ébranle les murailles,
Et les ensevelit au fond de ses entrailles.
    Un jour peut-être, un jour nos neveux attendris
Découvriront enfin, sous de profonds débris,
Ces villes, ces palais, ces temples, ces portiques,
De nos arts florissans monumens authentiques.
Ainsi dans les remparts qu'Hercule avait bâtis,

Par un malheur semblable autrefois engloutis,
Nous allons admirer de superbes ruines,
Et de l'antiquité fouiller les doctes mines.
Quel sera le destin de tant de malheureux
Echappés par hasard à ce désastre affreux ?
De cendres, de cailloux une pluie enflammée
Couvre tout le pays de feux et de fumée.
Le laboureur a vu les trésors des sillons
Sortir de ses greniers en brûlans tourbillons.
En vain il cherche encor dans les arides plaines
Ses buffles vigoureux, compagnons de ses peines ;
Ils ne reviendront plus d'uu pas obéissant
Sur ce sol calciné traîner le soc pesant.
Nul secours, nul espoir ne s'offre à sa misère.
Comment nourrir, hélas! ses enfans et leur mère?
Ira-t-il secouer le gland dans les forêts?
Mais l'orage partout a fait tomber ses traits ;
Et les chênes, séchés jusque dans leurs racines,
De ces lieux désolés ont accru les ruines.

Alors parmi les feux, les laves, les tombeaux,
La famine apparaît, et, traînant ses lambeaux,
Traverse les cités, rôde dans les villages,
D'abord sous l'humble toit exerce ses ravages·
Puis, des palais pompeux franchissant les degrés,
Entre avec le Besoin sous les lambris dorés.

Dans l'air en même temps les sombres Euménid
Soufflent de toutes parts leurs poisons homicides.
Une fréquente toux, de longs étouffemens,
Sont du premier accès les signes alarmans.
Dès la seconde aurore une brûlante haleine
Du poumon embrasé ne s'échappe qu'à peine.

La toux du corps entier fait crier les ressorts.
Et l'humeur, sans sortir, résiste à ses efforts.
Un feu séditieux étincelle au visage ;
Le pouls du sang à peine annonce le passage ;
La plus légère étoffe est un pesant fardeau ;
Une barre d'acier traverse le cerveau,
Et le mal, redoublant sa fureur intestine,
Comme un affreux vautour déchire la poitrine.
   Après la triste nuit qu'alonge la douleur,
La langue se noircit, le teint perd sa couleur ;
Le malade aux abois porte sur le visage
De sa prochaine mort l'infaillible présage.
Douce espérance, alors tu quittes ses lambris !
Il n'entend plus sa femme, il ne voit plus ses fils ;
Son esprit égaré, que la fièvre tourmente,
Erre sur le sommet d'une montagne ardente,
Croit rouler dans un gouffre, et frémit de terreur
En regardant au loin l'immense profondeur.
A ce transport succède une stupeur mortelle :
Le sang glacé s'arrête, et la faible prunelle
Sous les doigts du trépas se fermant sans retour,
Il meurt avant la fin du quatrième jour.
Dieux ! qui reconnaîtrait ces campagnes fertiles ?
Des hameaux fortunés et d'opulentes villes,
Des maisons qu'entouraient des bocages fleuris,
Charmaient à chaque pas le voyageur surpris.
Deux fois sur les coteaux les brebis étaient pleines
Et les moissons deux fois jaunissaient dans les pla
La manne y distillait ; les humains trop heureux
Y ployaient sous les fruits qui renaissaient pour ci
L'amour et le plaisir, enfans de l'abondance,

Présidaient les concerts, animaient à la danse ;
Echo ne répétait que les chants des bergers ;
Des vignes s'élevaient dans le sein des rochers ;
Le laurier, le jasmin, s'arrondissant en voûtes,
De leur ombre odorante embellissaient les routes.
C'était un grand jardin où de nombreux canaux
Portaient de toutes parts la fraîcheur de leurs eaux.
 Quel désastre imprévu ! quelles terribles scènes !
Des torrens sulfureux, de brûlantes arènes,
Tous les feux des enfers, tous les fléaux des cieux,
En un vaste cercueil ont changé ces beaux lieux ! »

Enfin, voici une autre page de poésie : on la doit
aux nobles inspirations de *C. Chênedollé*. Cette page
est digne de sa plume et de la France, digne de l'Italie, digne de Naples et de son Vésuve !

Mais vers ces bords rians Parthénope m'appelle.
Là se présente aux yeux une scène nouvelle ;
Là je vois rassemblés, dans de vastes tableaux,
Tous les effets du ciel et des feux et des eaux.
Combien de souvenirs consacrés par l'histoire !
Combien d'illusions chères à la mémoire,
Dans ce premier berceau de la gloire et des arts,
Viennent au cœur ému s'offrir de toutes parts !
Eh ! quel lieu fut jamais en grands noms plus fertile ?
Ici naquit le Tasse, et là mourut Virgile.
C'est là, c'est dans ces champs qu'Hésiode à la main,
Epris de leurs beautés, le poete romain
Chantait dans le repos ses douces Géorgiques ;
C'est là qu'il exhalait les plaintes énergiques

Où vivra de Didon l'éternelle douleur.
Mais d'un sol vigoureux qui peindra la couleur,
Et le pampre accablé sous sa grappe opulente,
Et des volcans noircis la flamme étincelante,
Et l'île au triple front, et ce ciel enchanté,
Et d'une double mer la double immensité ?
O vieux géant ! ô toi dont la bouche embrasée,
Sur ces bords qu'embellit l'éclat de l'Elysée,
Épanche trop souvent les laves des enfers,
Vésuve ! tu rugis, tes flancs se sont ouverts :
L'onde qui bat tes pieds a fait fumer ta cime ;
La mer dans tes fourneaux, que sa fureur anime,
Se roule, et les torrens s'échappent à grand bruit.
Mille langues de feu se croisent dans la nuit.
Mais le fleuve enflammé, plus bruyant que l'orage,
Se plonge dans la mer qui nourrissait sa rage :
La mer, en frémissant, le reçoit dans son sein.
Oh ! quel combat alors ébranle son bassin !
Le volcan à la mer vient rendre sa secousse,
Et heurte avec fracas les ondes qu'il repousse.
Ainsi, lorsque Vulcain, près de ces mêmes lieux,
Forge, aux flancs de l'Etna, des foudres pour les d
Dans la mer frémissante il trempe le tonnerre,
Et des deux élémens renouvelle la guerre.
Cependant l'eau bouillonne, et d'immenses vapeur:
Enveloppent les cieux de leurs voiles trompeurs ;
Et le soleil, qui sort de la mer enflammée,
Parmi les flots , rougis d'une ardente fumée,
De son disque agrandi montre les bords sanglans,
Et d'un œil effrayé voit ces gouffres brû'ans.
Enfin, quand Amphitrite à pas lents se retire,

Le noir Typhon s'apaise et son courroux expire,
Et Vulcain fatigué meurt faute d'aliment.
Mais le monde alarmé te revoit rarement,
O Vésuve! ô fléau! qui, par de longs ravages,
Signales ton retour dans les fastes des âges;
Et des tours et des murs, en ton sein foudroyés,
Entretiens si long-temps les peuples effrayés!
Les peuples cependant près de toi se rallient;
A tes pieds embrasés les fleurs se multiplient;
Tu redoubles la vie et la fertilité!
Des conquêtes du feu, quand le temps irrité
Aura mêlé, pétri cette cendre féconde,
Sur un monde détruit va naître un nouveau monde.

NOTES.

NOTE 1.

PAUSILIPPE est située à l'O. de Naples. C'est une montagne où l'on voit une quantité de belles maisons et de riants jardins. Cette montagne, qui est aussi célèbre que délicieuse, est percée, à sa base, par une grande route taillée de temps immémorial dans le tuf volcanique. Ce chemin souterrain a environ un mille de longuenr, 30 pieds de largeur, et 30 à 80 pieds de hauteur, suivant les endroits où l'on mesure. Il conduit de Naples aux villes de Pouzzoles, Baïes, Cumes et autres. On ignore quel fut l'auteur de cette grotte singulière, éclairée la nuit par des lampes suspendues de distance en distance à sa voûte grossièrement taillée. Pendant le jour l'obscurité faiblement transparente qui y règne cause toujours un sentiment d'effroi à ceux qui, pour la première fois surtout, s'engagent dans cette longue galerie où l'on va et l'on vient des deux côtés avec une agitation impossible à décrire.

NOTE 2

LE TOMBEAU DE VIRGILE est au dessus de l'entrée de la *Grotte de Pausilippe.*

Autrefois un laurier fleurissait sur ce tombeau ; aujourd'hui un chène verd y étend son ombrage; il est planté dans la partie supérieure du rocher qui en est rapproché.

C'est vers la fin de 1826, que l'auteur des *Messéniennes*, m. *C. Delavigne* planta un laurier sur la tombe du chantre de l'*Enéide* ; il fut secondé dans ce pieux devoir par son frère et par m. *Edouard Gautier*, qui a laissé à Naples tant d'honorables souvenirs, et comme homme privé et comme fonctionnaire public.

Le temps a détruit l'arbre des poètes ; mais les voyageurs reconnaissent toujours l'endroit où reposent les cendres de Virgile. On s'arrête avec recueillement devant la pierre tumulaire, quelquefois on y grave son nom et toujours l'on rêve à la gloire poétique du cygne de Mantoue.

NOTE 3.

L'ÉGLISE DES SERVITES a été fondée par le poète *Sannazar*. Aussi tout y porte le cachet du caractère du pieux fondateur.

NOTE 4.

La ville de POUZZOLES est située sur le golfe appelé *Sinus Puteolanus.*

Elle est éloignée de deux lieues et demie de Naples. C'est l'ancienne *Puteolana* ou *Cumana Regna*. Son nom latin de *Puteolum* provient de la quantité de puits qu'y construisirent les Romains, qui craignaient qu'elle ne tombât au pouvoir des Carthaginois commandés pas *Annibal*.

L'amphithéâtre de Pouzzoles est sans contredit le monument antique le plus remarquable: on l'appelle le *Colosseo* (Colysée).

On montre encore dans cette ville les restes de la maison de campagne de *Cicéron*: elle est située sur les bords du golfe. C'est sur ce même golfe qu'on voit aussi les restes du fameux pont de *Caligula*.

La population de Pouzzoles est de 11,000 âmes.

La Grotte du Chien est à quelques pas des *Etuves de S.t Germain* sur la route qui conduit de *Naples* à *Pouzzoles*. C'est une excavation faite dans un rocher, et qui doit une grande célébrité à la présence du gaz acide carbonique.

Cette grotte tire sa dénomination de ce que si l'on y fait entrer un chien il cherche à s'échapper; mais la vapeur que produit le carbone avec l'oxigène fait enfler le pauvre animal, lui donne d'horribles convulsions et peu d'instants après lui donne la mort.

Mais un homme n'y éprouve aucune sensation pénible; la raison en est qu'étant debout, le gaz acide carbonique ne s'élève pas jusqu'à lui.

NOTE 5.

Le Lac Averne est de forme ovale et il a envi-ron une lieue et demie de circonférence. Les rives de ce lac, situé à un demi mille de *Monte Nuovo*, sont pleines d'aménités : l'air y est fort salubre. Dans l'antiquité, les hautes montagnes qui environnent ce lac étaient couvertes de bois épais qui le plongeaient dans une nuit complète. Des exhalaisons méphytiques s'échappaient de ce lac dont la profondeur est aujourd'hui évaluée à 400 pieds.

NOTE 6.

L'ouverture de la Grotte de la Sybille est défendue par un petit lac profond dont les eaux sont noirâtres. Elle est ombragée par des arbres épais. Il paraît que cette grotte communiquait avec celle de *Cumes*.

On pénètre aujourd'hui dans cette mystérieuse caverne par une petite porte ; elle est étroite et répond à un escalier taillé dans le roc qui conduit aux bains de la Sybille.

NOTE 7.

Baïes est située sur la partie occidentale du golfe de *Pouzzoles*, à peu de distance du *Lac Fusaro*.

Le séjour de cette ville autrefois si délicieux est aujourd'hui fort défavorable à la santé à cause de l'air vicié produit par les exhalaisons méphytiques des marécages qu'on y trouve à proximité.

Auprès du *Golfe de Baïes* on voit plusieurs temples antiques, tels que ceux de *Diane Lucifère*, de *Mercure* et de *Vénus*. Le temple de *Mercure* est une grande rotonde de plus de 100 pieds de diamètre.

Le *Château de Baïes*, fondé par le vice-roi Pierre de Tolède, s'élève sur le cap.

Sur la droite de *Baïes*, on voit le *Tombeau d'Agrippine*, où l'on ne peut pénétrer qu'à la lueur de torches.

Le *Cap Mysène*, qui rappelle la mort de *Pline*, occupe la pointe méridionale du golfe de Pouzzoles.

NOTE 8.

Pas loin des murs anciens qui formaient l'enceinte de la ville de CUMES, on voit un édifice de la plus grande beauté. C'est le *Temple du Géant* : cette dénomination lui vient de ce qu'on y trouva le buste colossal de *Jupiter Stator*.

Ce monument a 29 pieds de long sur 25 de large.

Touts les monuments antiques qu'on remarque à *Cumes* sont généralement dans un bon état de conservation.

C'est à une lieue de cette ville que se trouve la *Torre di Patria*, l'ancienne *Literne*. C'est le lieu où s'élève le tombeau de *Scipion l'Africain*.

NOTE 9.

BAULI est un petit village d'environ 300 âmes. C'est là, disent les traditions mythologiques, qu'aborda *Hercule* revenant d'Espagne. et vainqueur de *Géryon*.

Près de *Bauli* se trouve la *Piscina Mirabile* , monument fort remarquable qui repose sur 48 pilastres , disposés en quatre files d'arc quadruples d'une hauteur extraordinaire. La longueur en est de 216 pieds.

L'objet de ce curieux et magnifique édifice est d'amener les eaux de plusieurs milles de distance.

NOTE 10.

La petite contrée appelée *Mercato del Sabbato* est située entre les lacs *Mare-Morto* et *Fusaro*.

NOTE 11.

L'île d'Ischia, l'*AEnaria* des anciens, est la plus considérable de celles du golfe de Naples. Elle est construite sur un rocher de basalte de 600 pieds de hauteur. La superficie en est de dix-huit milles carrés ; elle renferme dix villages qui forment une population de 24000 habitants, et elle contient une ville qui en a 3,000.

Les eaux thermales d'Ischia sont en grande renommée, et produisent souvent des cures merveilleuses. Grâces aux feux souterrains qui brûlent cette île , la végétation y est fort active et luxuriante.

Une terrible éruption du volcan *Epomée* a eu lieu en 1302 : elle incendia toute l'île pendant deux mois. C'est du sommet de cet *Epomée* que les yeux aperçoivent une vue magnifique : les regards embrassent tout le golfe de Naples depuis le cap de Sorrente jusqu'au mont de Circé ; ce point est élevé de trois cents toises au dessus de la mer.

Le champ de lave de l'*Arso*, le *Lac d'Isch ia*, les Etuves de *Castiglione*, les *Bains de Casamie* sont des objets qui méritent l'attention du voyageur.

NOTE 12.

La population de Procida est de 12,000 habitants, qui fournissent les meilleurs marins du royaume.

La superficie de cette île est de cinq milles carrés, et elle renferme beaucoup de ruines antiques.

NOTE 13.

L'île de Caprée (Capri) renferme deux villages, *Capri* et *Anacapri*.

Un long escalier ouvert, étroit conduit à ce dernier lieu : il est composé de 500 marches.

Le palais de Tibère, qui se voit dans cette île, est assis sur une sommité.

On y trouve encore le *Mont Solaro*, d'où l'on jouit d'une vue pleine de romantiques beautés : c'est la plus remarquable de toute l'Italie.

NOTE 14.

La Grotte d'Azur a été découverte par deux Anglais qui nageaient près des côtes de *Caprée*.

On y voit un lac d'un quart de mille de contour. Touts les objets de cette grotte sont bleus : le sable, les rochers, l'eau ; celle-ci a près de 15 pieds de profondeur, Ces teintes azurées sont produites par un phéno

mène d'optique qui donne aux parois l'éclatante réver-
bération des ondes du lac.

NOTE 15.

SORRENTE est une ville d'une population de 30,000
habitants. Elle est située sur une colline ; on y voit la
petite maison du Tasse et beaucoup d'antiquités.

Le territoire de *Sorrente* est fort riche , et les habitants ont quelque chose de cette propreté qui cara-
ctérise la nation hollandaise.

NOTE 16.

NAPLES, l'ancienne *Parthénope*, l'ancienne *Néapolis*,
est la capitale du royaume des DEUX-SICILES. Cette
ville est située à 43 lieues S. E. de *Rome* , à 490 lieues
S. E. de *Paris* et à 3 lieues O. N. O. du *Vésuve*.

La ville proprement dite a environ une lieue de l'E.
à l'O. , et près de 5 lieues de contour ; mais elle en
a plus de 6 en y comprenant touts les faubourgs.

Les rues de Naples sont pavées d'énormes dalles de
lave du Vésuve : la rue dite *rivière de Chiaïa* , celle de
Chiaïa et celle de *Tolède* sont les plus importantes.

Au temps du carnaval Tolède offre un spectacle fort
animé et qui surprend les étrangers : c'est une époque
de folles et tumultueuses joies.

Il commence le 17 janvier , à la *S ᵗ Antoine*.

Le palais du *Musée Borbonico* est sans contredit fort
remarquable.

Il contient une riche et précieuse *Bibliothèque*, l'*Ac a-*

démie des *Beaux-Arts* et le *Musée*, que tout les connais-seurs mettent au dessus du *Musée du Vatican* de Rome : on y a réuni tout ce que Naples, Pompéi et autres villes renferment de rare, de curieux et de précieux en fait d'arts et d'antiquités.

Le théâtre *S.ᵉ Charles* est le plus remarquable des nombreux théâtres de la ville ; la salle est un peu plus grande que celle de l'*Opéra de Paris*. Il y a six étages de loges.

La scène est fort grande ; elle a 67 pieds de profondeur.

Panis et circenses : telle est la devise des habitants de la ville de *Naples* à laquelle *Horace* a donné l'épithète de *otiosa* (*Otiosa Neapolis*).

Le prolétaire napolitain s'appelle *lazzarone* ; c'est un être à part dans la civilisation européenne ; aussi son caractère, ses mœurs, sa philosophie populaire et insouciante sont dignes d'être étudiés ·

Il y a dans cette ville quelques cabinets de lecture ; mais ils ne sont guère fréquentés que par les étrangers. Celui existant dans la rue *rivière de Chiaja* attire surtout les Anglais, qui y trouvent les journaux *The Times, the Globe, The Morning-Chronicle* et autres feuilles politiques de Londres.

Ce cabinet est tenu par m. *Dormonte* ; c'est un anglais respectable qui réunit toutes les bonnes qualités sociales qui distinguent sa nation.

Les meilleurs hôtels de Naples sont ceux *delle Crocelle*, de la *Victoire*, de la *Grande-Bretagne*, de *Russie*, des *Iles Britanniques*, de *Genève*, de l'*Espe-*

ranzelle et autres ; mais les premiers sont les plus recherchés : tous les riches étrangers y logent.

Le *Café d'Italie*, situé rue de Tolède est le café le plus en renom ; cependant la dernière bicoque en ce genre de Marseille ou de toute autre ville de France vaut mieux. On n'y voit point de journaux français, allemands ou anglais.

Parmi les grands banquiers l'on distingue m. *Morikofer* et m. de *Rothschild*, dont le nom est si connu dans le monde commerçant et financier.

Pour entreprendre le pélérinage si à la mode du Vésuve, il faut d'abord arriver à *Resina* (*Retina*); c'est un bourg riche et peuplé où le voyageur trouvera des ânes et toutes les choses nécessaires pour gravir le volcan. A quelque distance de *Resina*, l'on commence à marcher sur une lave de couleur sombre. De là, l'on arrive au *Piano delle Ginestre*, plateau morne et désert. Ensuite l'on parvient à l'ermitage du *S. Salvatore* où se trouve une petite chapelle.

L'ermite est souvent un séculier. Il conserve soigneusement un gros livre sur lequel les voyageurs inscrivent ordinairement leurs noms.

Plusieurs de ces inscriptions sont accompagnées de quelques lignes de prose ou d'un petit morceau de poésie. Il y a des vers d'une facture aussi large que touchante. Celui qui a tracé ce *tableau du Vésuve* se rappelle avoir lu un jour avec attendrissement une douzaine de vers sur *Gautrey*, ce malheureux francais qui se précipita volontairement, il y a quelques années, dans le Vésuve qui deux jours après revomit les souliers de sa victime.

Enfin on touche l'*Atrio del Cavallo* , et l'on est à la base de la terrible montagne.

NOTE 17.

Ce beau Golfe de Naples est souvent étincelant de lumière : c'est un phénomène physique occasionné par l'agitation des ondes et par une espèce d'insectes appelés *lucéoles*.

NOTE 18.

Pœstum est l'ancienne *Possidonia*. On y remarque surtout le *temple de Neptune* dont l'architecture est pleine d'un style imposant et majestueux.

Ce monument a été frappé de la foudre ; aussi une des colonnes du portique est brisée en partie.

Les murailles de cette ville sont bâties en larges pierres ; elles sont jointes entr'elles sans ciment et sans clous. La *Basilique* est un autre temple qui est fort remarquable aussi sous le rapport architectural. On suppose qu'il a été construit en l'honneur de *Cérès*. Cette ville est à 22 lieues de Naples, et possède quatre portes qui sont placées à l'opposite l'une de l'autre. La principale est celle de la Syrène.

NOTE 19.

POMPÉI qui, dans l'antiquité possédait un port sur le *Sarno*, était située au pied du *Vésuve*, sur le golfe de Naples.

Après avoir été tour-à-tour occupée par les *Etru-sques*, les *Grecs* et les *Samnites* elle devint colonie romaine au temps de *Sylla*. C'est la fameuse éruption de 79 qui, comme l'on sait, ensevelit cette ville sous les laves brûlantes du *Vésuve*. Aujourd'hui l'on peut s'y promener et y parcourir plus de vingt rues pavées de la lave vomies par les antiques éruptions du volcan. Entr'autres monuments d'art, on y voit deux *forums*, neuf temples, deux théâtres, un cimetière, un amphi-théâtre, une caserne militaire. Les musées royaux de *Naples* et de *Portici* se sont enrichis des principaux objets appartenant au domaine des beaux-arts, etc.

Ils sont pour touts les étrangers qui les visitent des sujets d'étude ou au moins d'une extrême curiosité.

NOTE 20.

HERCULANUM (*Herculaneum. Herculanium* ou *Her-culium*) était dans l'antiquité arrosée par le SARNO, et elle avait un port peu éloigné du Vésuve, qui en l'an 79 de l'ère chrétienne la couvrit de cendres et de laves en même temps que *Pompéï* et autres villes.

HERCULANUM a été habitée tour-à-tour par diffé-rents peuples : les Osques, les Etrusques, les Grecs et les Sameroles.

Les rues de cette ville sont pavées de la lave lancée dans les temps antiques par les éruptions du Vésuve ; ces rues sont droites et elles ont de chaque côté des trottoirs pour la commodité des piétons.

Le détail circonstancié de toutes les curieuses antiquités d'HERCULANUM entraînerait trop loin ; aussi ou renvoie aux nombreux ouvrages qui en parlent.

A quelque distance d'HERCULANUM il y a deux villages importants : TORRE DEL GRECO et TORRE DELLA NUNZIATA. Le premier est le plus populeux de tout le territoire de Naples, et l'on y voit un fleuve souterrain. Le second n'a pas une population aussi forte ; mais il y a plus de commerce, plus d'industrie et par conséquent plus de bien-être matériel.